AF248481

CHOIX

DE

CANTIQUES

POUR LES

UNIONS D'ALLIANCE ÉVANGÉLIQUE

DU VIGAN

LE VIGAN

TYPOGRAPHIE D'ARGELLIÉS

—

1862

BIBLIOTHÈQUE IMPÉRIALE IMPR.

DÉPOT LÉGAL Gard 1862

Table des Matières.

CHOIX

DE

CANTIQUES

CANTIQUE 1er.

1. Grand Dieu ! nous te bénissons,
Nous célébrons tes louanges,
Éternel nous t'exaltons
De concert avec les anges ;
Et prosternés devant toi   (bis)
Nous t'adorons, ò grand Roi !

2. Tu vins, innocent Agneau,
Souffrir une mort cruelle ;
Mais triomphant du tombeau
Par ta puissance éternelle,
Tu détruisis tout l'effort   (bis)
De l'enfer et de la mort.

3. Sauve ton peuple, Seigneur !
Et bénis ton héritage ;
Que ta gloire et ta splendeur
Soient à jamais son partage.
Conduis-le par ton amour   (bis)
Jusqu'au céleste séjour.

4. Veuille exaucer nos soupirs.
Seigneur Jésus! fais nous grâce;
Veuille accomplir nos désirs,
Fais briller sur nous ta face;
Notre espérance est en toi,   (bis)
En toi, Jésus, notre Roi !

5. Gloire soit au Saint-Esprit!
Gloire soit à Dieu le Père!
Gloire soit à Jésus-Christ !
Notre Epoux et notre Frère!
Son immense charité   (bis)
Dure à perpétuité.

CANTIQUE 2.

1. Gloire à toi, Père éternel !
Qui nous préparas au Ciel   (bis)
Un trône au-dessus des anges.
De toi descend le salut :   (bis)
Qu'à toi monte un doux tribut
Et d'amour et de louanges.

2. Gloire à toi, très saint Agneau !
Qui, pour sauver ton troupeau, (bis)
De l'Enfer bravas les flammes.
Sur nous domine en vainqueur : (bis)
Règne seul, ô grand Pasteur !
Règne à jamais dans nos âmes.

3. Gloire à toi, puissant Esprit !

Dont l'amour nous affranchit   *(bis)*
D'un rude et vil esclavage.
Couronne ton œuvre en nous :   *(bis)*
Fais qu'à notre saint Époux
Nous soyons sans nul partage.

4. Oui, trois fois saint Jehovah !
A toi gloire, alleluia !   *(bis)*
Amen, amen, à toi gloire !
Jusque dans l'éternité   *(bis)*
Nous chanterons ta bonté,
Ton grand salut, ta victoire.

CANTIQUE 3.

1. Jéhovah ! Jéhovah !
Croire en toi c'est la vie ;
Augmente-nous la foi !
   Amen ! amen !
O Père, ô puissant créateur !
O Jésus, clément Sauveur !
   Esprit de lumière,
Que nos cœurs soient ton sanctuaire !
   Alleluia ! alleluia !

2. Jéhovah ! Jéhovah !
Vivre en toi, c'est la vie,
Vivre en toi, c'est t'aimer.
   Amen ! amen !
Tu nous sauves par ton amour,
Fais, Seigneur, fais qu'à son tour

Notre âme affranchie
Par son amour te glorifie
Alleluia ! alleluia !

3. Jéhovah ! Jéhovah !
T'obéir, c'est la vie ;
Grave en nos cœurs ta loi.
Amen ! amen !
Fais qu'en vrais citoyens des cieux,
Sobres, justes et pieux,
Déjà sur la terre
Nous marchions tous à ta lumière.
Alleluia ! alleluia !

4. Jéhovah ! Jehovah !
Espérer, c'est la vie ;
Notre espoir est en toi,
Amen ! amen !
Rends-nous, ô Dieu, plus que vainqueurs,
En toi s'assurent nos cœurs.
Qu'un jour dans ta gloire
Au ciel nous avons la victoire !
Alleluia ! alleluia !

CANTIQUE 4.

1. Trois fois saint, Jéhovah ! (*bis*)
Notre âme en ta présence
Dans une humble assurance,
S'écrie Alleluia !
Ta gloire est immortelle (*bis*)

Ta grâce est éternelle,
O Père, ô Fils sauveur!   (ter)
O saint Consolateur !

2. Les esprits bienheureux,   (bis)
Tes élus et tes anges,
Célèbrent tes louanges
Aux demeures des cieux.   (bis)
Nous aussi sur la terre,
Vers le vrai sanctuaire,
Jusqu'à toi, Roi des rois,   (ter)
Nous élevons nos voix.

3. Oui, nous cherchons, Seigneur, (bis)
Le regard de ta face ;
Que du trône de grâce
Il vienne en notre cœur.   (bis)
Oui, qu'il mette en notre âme
La pure et vive flamme
De l'amour que pour toi   (ter)
Doit nourrir notre foi.

4. Amen ! ô notre Dieu !   (bis)
Que ta bonté fidèle
A ce cœur qui t'appelle
Réponde du saint lieu.   (bis)
Et qu'en ta paix parfaite
Ton Eglise répète :
Trois fois saint Jéhovah !   (ter)
Amen ! Alleluia !

CANTIQUE 5.

1. Oh ! que ton service est aimable,
Seigneur, mon Dieu, mon Rédempteur !
Oh ! qu'il m'est cher et désirable !
Il est ma joie et ma douceur.
Mon âme ici, dans le silence,
En t'adorant trouve la paix ;
Et ton Esprit de sa présence
Me fait sentir les saints effets.

2. Puissant Sauveur ! tu te rappelles
Que tu promis d'être en tout lieu
Où quelques-uns de tes fidèles
S'assemblent au nom de leur Dieu.
Nous sommes tous devant ta face :
Oui, tu nous vois, tu nous entends ;
Ah ! que le regard de ta grâce
Repose sur nous, tes enfants !

3. Quoi ! je me trouve en ta lumière !
Tes yeux, ô mon Dieu ! sont sur moi ;
Ton oreille entend ma prière,
Et mon chant monte jusqu'à toi !
Oh ! quels transports donne à mon âme
Le sentiment de ta bonté !
Oh ! que mon cœur aussi s'enflamme
Des saints feux de ta charité !

4. Oui, dans mon âme je t'adore,
Mon Dieu, mon Seigneur, mon Rocher !

Je t'ai cherché, je veux encore
De ton regard me rapprocher.
Quel autre au ciel pourrait me plaire,
Si ce n'est toi, divin Sauveur !
Quel autre que toi sur la terre
Peut être l'appui de mon cœur !

CANTIQUE 6.

1. Jésus ! Fils unique du Père !
Que ton nom saint et glorieux
A tous les enfants de lumière
Est chaque jour plus précieux !
Emmanuel ! en ton Eglise
La gloire à toujours t'appartient.
Dans tous les lieux ton Epouse est soumise
A ton amour qui la garde et soutient.

2. A toi ! Seigneur, nul n'est semblable
Car toi seul es la vérité ;
Et chez toi seul tout est aimable,
Tout est grandeur, force, beauté,
Emmanuel ! etc.

3. Oh ! que mon cœur, plein d'allégresse,
Sous ton regard vive pour toi.
Qu'en ta paix il t'offre sans cesse
Le tendre hommage de sa foi.
Emmanuel ! etc.

CANTIQUE 7.

1. Entonnons un saint cantique
A la gloire du Fils unique,
Fils éternel du Dieu des cieux.
Dans sa mort, dans sa souffrance
Nous trouvons tout en abondance
Ce qu'il nous faut pour être heureux.
    Louange, gloire, honneur
    Soient à notre Seigneur.
       Alleluia !
    Gloire cent fois
    Au Roi des rois ;
    Alleluia ! Alleluia !

2. Divine source de vie,
Que tout en nous te glorifie
Et proclame ton grand amour.
Ta paix, ta grâce éternelle
Sur tes enfants, Sauveur fidèle !
Se renouvellent chaque jour.
    Louange, etc.

3. Gloire à toi dans tous les âges ;
O Seigneur ! reçois les hommages
De tous les pécheurs rachetés.
Prends pour tes saintes blessures,
Pour ta mort, pour tes meurtrissures,
Nos cœurs que la grâce a domptés.
    Louange, etc.

4. Nos voix, Seigneur, te bénissent ;

Que leurs saints concerts retentissent
Tant qu'ici bas nous respirons !
Dieu de notre délivrance,
D'un cœur plein de reconnaissance
Toujours nous te célèbrerons.
 Louange, etc.

CANTIQUE 8.

De la Divinité plénitude ineffable !
De puissance et d'amour trésor inépuisable !
 Gloire du ciel ! gloire du ciel !
 Emmanuel ! Emmanuel !
A genoux, dans ta paix, ton Eglise bénie
 T'adore et s'humilie.

CANTIQUE 9.

1. Chef suprême,   (*bis*)
Jésus, notre Époux !
Tiens toi-même   (*bis*)
L'œil ouvert sur nous.
Que toujours tes chers enfants
 Soient heureux et vigilants.
A la gloire (*bis*) d'un Maître si doux.

2. Fais-nous vivre   (*bis*)
Comme tu vécus ;
Fais-nous suivre   (*bis*)
Tes pas, ô Jésus !
Enracine chaque jour

Tes brebis dans ton amour :
Qu'en nous brillent *(bis)* les traits des élus.

3. Que tes flammes, *(bis)*
Cher Agneau de Dieu !
Dans nos âmes *(bis)*
Allument ton feu.
Prononce absolution
Sur nous, par ta passion,
Et nous lie *(bis)* à toi d'un saint nœud.

4. Sauveur tendre ! *(bis)*
Jésus, Roi des rois !
Fais-nous prendre *(bis)*
Racine en ta croix,
Pour ta grâce et tes faveurs
Reçois des pauvres pécheurs
L'harmonie *(bis)* des cœurs et des voix.

CANTIQUE 10.

1. Esprit saint notre Créateur,
Et notre grand consolateur,
Rends-toi le maître de nos âmes ;
Esprit du Dieu de vérité,
Éclaire-nous par ta clarté
Et nous embrase de tes flammes ;
Esprit de Jésus, notre roi,
Augmente notre faible foi.

2. Répands dans nos âmes ta paix

Et bénis nos justes projets ;
Imprime en nos cœurs ta parole ;
Triomphe de nos passions ;
Dans toutes nos afflictions
Exauce-nous et nous console ;
Soûtiens-nous dans tous nos combats,
Adresse et conduis tous nos pas.

CANTIQUE 11.

Agneau de Dieu, par tes langueurs,
Tu pris sur toi notre misère,
Et tu nous fis, pour Dieu ton père,
Et rois et sacrificateurs ;
Ensemble aussi nous te rendons
Honneur, gloire et magnificence,
Force, pouvoir, obéissance,
Et dans nos cœurs nous t'adorons.
Amen ! Amen ! Seigneur, amen !

CANTIQUE 12.

Que la grâce de notre Seigneur Jésus-Christ,
Et l'amour de Dieu, le Père,
Et la communication du Saint-Esprit,
Soient avec nous tous, amen !

CANTIQUE 13.

1. Béni soit à jamais le grand Dieu d'Israël,
L'auteur de tous les biens, tout puissant, éternel,

Qui, touché de nos cris et de notre misère,
Dans nos pressants besoins s'est montré notre pè

2. Dans ses compassions il nous a visités,
Par son bras invincible il nous a rachetés,
Et, malgré nos péchés, ce Dieu tendre et propice
A fait lever sur nous le soleil de justice.

3. Il conduira nos pas au chemin de la paix,
Et ce divin Sauveur remplira nos souhaits ;
Nous l'aimerons toujours, nous lui serons fidèl
Et nous vivrons heureux à l'ombre de ses ailes.

CANTIQUE 14.

1. Hosanna ! Béni soit ce Sauveur débonnaire
Qui vers nous, plein d'amour, descend du sein du Père !
Béni soit le Seigneur qui vient des plus hauts cieux
Apporter aux humains un salut glorieux !

2. Hosanna ! béni soit ce prince de la vie !
Que de joie, en son nom, notre âme soit ravie !
Qu'en des chants tout nouveaux elle éclate aujourd'hui !
Que tout enfant de Dieu tressaille devant lui !

3. Hosanna ! Béni soit cet ami charitable
Que le plus grand pécheur va trouver favorable !
Humble et sans apparat, sous notre humanité
Il a voilé l'éclat de sa divinité.

4. Hosanna ! Béni soit Jésus notre justice !

Pour nous, pour nos péchés, il s'offre en sacrifice ;
Ce Seigneur tout-puissant, ce Roi de tous les rois,
Pour nous, pauvres pécheurs, vient mourir sur la croix.

CANTIQUE 15.

1. Chrétiens, peuple fidèle !
Ranimons notre ardeur
Et redoublons de zèle
Pour notre Rédempteur.
Il vint vers nous du ciel ;
Chantons dans nos cantiques
Les bontés magnifiques
De notre Emmanuel.

2. Vous, âmes affligées,
Accourez à ce Roi.
Vous serez soulagées,
L'invoquant avec foi.
Jésus-Christ de son bras
Protège ceux qu'il aime ;
Son cœur toujours le même
Ne les délaisse pas.

3. Jésus est notre frère :
Implorons son secours.
Au fort de la misère
Qu'il soit notre recours.
Ses charitables soins
Défendent notre vie,
Sa puissance infinie
Pourvoit à nos besoins.

CANTIQUE 16.

1. Roi couvert de blessures,
Meurtri pour mon péché !
Roi tout chargé d'injures,
A la croix attaché,
Des splendeurs éternelles
Autrefois couronné ;
C'est d'épines cruelles
Que je te vois orné.

2. Ainsi ton sang expie
Mes péchés odieux ;
Pour me rendre la vie
Tu meurs en ces bas lieux.
Rebelle et misérable
Je m'abats devant toi,
Rédempteur charitable !
Ah ! prends pitié de moi !

3. Tourne vers moi ta face,
Fidèle et bon pasteur !
Ah ! quel trésor de grâce
Je trouve en ta douleur !
Mourant pour mon offense
Tu m'obtins, ô Jésus !
Du cœur la renaissance
Et la paix des élus.

4. Oui, pour ton agonie,
Pour ta mort sur la croix,

Je veux toute ma vie
Te bénir, Roi des Rois !
Ta grâce est éternelle
Et rien jusqu'à ma fin
Ne pourra, Dieu fidèle,
Me ravir de ta main.

CANTIQUE 17.

1. O Christ ! j'ai vu ton agonie
Et mon âme a frémi d'horreur !
Oui, tu viens de perdre la vie,
Et c'est pour moi, pauvre pécheur.

2. A ta mort la nature entière
Se répand en cris de douleur ;
Le soleil cache sa lumière,
Les élus pleurent leur Sauveur.

3. Que ta mort, ô sainte victime !
Soit toujours présente à nos yeux :
Ton sang peut seul laver le crime,
Seul il peut nous ouvrir les cieux.

4. O Christ ! ta charité profonde
Touche, pénètre notre cœur ;
Tu meurs pour les péchés du monde,
Toi seul es notre Dieu Sauveur.

CANTIQUE 18.

1. Oh ! contemplons l'Agneau du Père

Sur le bois,
Sur le bois de la croix !
Pour nous il expire au Calvaire,
Sur le bois,
Sur le bois de la croix.
Entendez son cri d'agonie :
Eli, lamma sabachtani ?
En sa mort j'ai trouvé la vie.
Oui, je crois   *(bis)*
A Jésus mis en croix.

2. Ton sang, ô Jésus ! purifie ;
Du pécheur
Tu veux laver le cœur.
Ton amour nous offre la vie ;
Du pécheur
Tu veux laver le cœur.
De Golgotha quand ta voix crie :
Eli, lamma sabachtani ?
Je réponds à ta voix chérie,
Bon Sauveur !   *(bis)*
Je te donne mon cœur.

3. Agneau de Dieu, près de ton père
Souviens-toi
D'un pécheur tel que moi.
O Christ ! souviens-toi du Calvaire,
Souviens-toi
D'un pécheur tel que moi,
Pour moi fut ton cri d'agonie :
Eli, lamma sabachtani ?

A toi sera toute ma vie.
  O mon Roi !   *(bis)*
O Christ ! je suis à toi !

CANTIQUE 19.

1. Vainqueur de Satan et du monde,
Le Fils de Dieu sort du tombeau ;
Aux horreurs d'une nuit profonde,
Succède le jour le plus beau.
Plus de terreur !... plus de détresse !...
Peuple heureux, peuple racheté !
Qu'aujourd'hui ta sainte allégresse
Chante Jésus ressuscité !

2. Oh ! dans cet auguste mystère,
Quels trésors, quels divins bienfaits !
Aux pécheurs, enfants de colère,
Il donne et la vie et la paix !
La mort n'est plus ; de sa puissance
Il est le glorieux vainqueur.
Il vit !... Une ferme espérance
Descend au fond de notre cœur.

3. Il vient ce jour, joie indicible !
Où ce corps se relèvera ;
Où, semé faible et corruptible,
En gloire il ressuscitera.
Oui, de son état méprisable
Il sortira tout radieux
Par ton pouvoir rendu semblable,
Jésus ! à ton corps glorieux.

CANTIQUE 20.

1. Oui, pour son peuple Jésus prie !
Prêtons l'oreille à ses soupirs ;
Qu'à sa voix notre âme attendrie
Réponde par de saints désirs.
Dans les hauts lieux, brillant de gloire,
Il est entré victorieux ;
De la victime expiatoire
Il offre le sang précieux.

2. Oui, pour mon âme Jésus prie !
Et sa requête jusqu'à moi
Descend comme un fleuve de vie
Où s'abreuve ma sainte foi.
Du racheté doux privilége !
Je trouve au ciel un sûr garant,
Qui, plein d'amour, toujours assiége
Le tribunal du Dieu vivant.

3. Oui, pour nos âmes Jésus prie !
Dans cet instant, ô charité !
Il plaide, il intercède, il crie
Pour nous qui l'avons contristé !
A son enfant auprès du père
Son cœur obtient un doux pardon ;
Et pour l'aider dans sa misère,
Sa voix réclame un nouveau don.

4. Oui, pour son peuple Jésus prie !
Bien aimés, sans crainte approchez :

Il avance sa main meurtrie
Entre le ciel et vos péchés.
Oh ! quel amour il nous témoigne !
Pour nous son œil jamais ne dort.
Qu'à sa requête aussi se joigne
De notre amour le saint transport.

5. Oui, pour l'Eglise Jésus prie !
Satan, le monde, vainement
Contre nous liguent leur furie :
Jésus combat fidèlement.
Sous le mépris, l'ignominie,
Ne craignons pas un vain assaut :
Que nous importe ! Jésus prie,
La paix du cœur survient d'en haut.

6. Oui, pour les tiens, Jésus, tu prie !
Qu'il nous est doux de le savoir !
Ainsi, Seigneur, tu nous convies
A mettre en toi tout notre espoir.
Sous le parfun de ta prière
Fais nous marcher rempli d'ardeur ;
Pour te bénir notre âme entière
S'élève à toi, puissant Sauveur.

CANTIQUE 21.

Levons-nous, frères, levons-nous,
Car voici notre Maître.
Il est minuit, voici l'époux,
Jésus-Christ va paraître.

2. Avec les siens il vient régner
Et délivrer l'Eglise ;
Bientôt il va la couronner
De la gloire promise.

3. Ne crains donc point, petit troupeau,
Toi que chérit le père;
Que toujours le cri de l'Agneau
Soit ta seule bannière.

4. Et si le monde est contre toi,
Ses mépris sont ta gloire ;
L'amour, l'espérance et la foi
Te donnent la victoire.

5. Gloire à Jésus-Christ, mon Sauveur !
Car en lui seul j'espère;
Heureux celui qui dans son cœur
L'adore et le révère !

CANTIQUE 22.

Tenez vos lampes prêtes,
Vierges ! préparez-vous
Pour l'heure où les trompettes
Annonceront l'Epoux.
Qu'à répondre on s'empresse
Hosanna ! Hosanna!
Et qu'avec allègresse
On chante Alléluia !

CANTIQUE 23.

1 Seigneur mon Dieu, dans mon âme angoissée,
Répands enfin la vie et le bonheur.
Viens la guérir, viens, car elle est froissée
Par le péché, la crainte et la douleur.

2. Je viens à toi comme l'enfant prodigue ;
O Père Saint! je n'ai rien à t'offrir
Que mes péchés, ma langueur, ma fatigue ;
Mais, ô mon Dieu! tu veux me secourir.

3. Verse en mon cœur, toujours tardif à croire,
Sans te lasser, les trésors de ta paix;
Il est rebelle, il est dur; mais ta gloire
C'est de la vaincre à force de bienfaits.

CANTIQUE 24.

1· Seigneur! du sein de la poussière
Mon âme crie à toi.
Descends, ô Dieu dans ma prière,
Que je te sente en moi.

2. Je ne veux plus l'ombre qui passe,
L'image qui pâlit,
Mais la substance de ta grâce,
Toi-même, ton esprit!

3. C'est assez et trop se répandre,
En long et vague espoir.

Je veux te parler et t'entendre
Te toucher et te voir.

4. Je veux brûler, mais de ta flamme,
Luire, mais de ton jour,
De ton âme animer mon âme,
Aimer de ton amour.

5. Voilà le seul bien que j'envie,
Que j'implore, ô mon Roi !
Ne plus vivre que de ta vie,
Que par toi, que pour toi !

CANTIQUE 25

1. En toi Seigneur je me confie,
Et je te crains, ô Dieu puissant !
Sauveur parfait, source de vie,
N'es-tu pas aussi juste et grand ?
Parce que tu m'aimas, je t'aime ;
Tu m'as acquis, je suis à toi.
Mais ta loi sainte, ô Dieu suprême !
Confond un pécheur tel que moi.

2. O Dieu ! dont l'Esprit nous console,
Donne à ton Enfant, chaque jour
Un cœur qui tremble à ta parole,
Et qui s'égaie en ton amour.
Que l'horreur du mal soit ma crainte,
Que ta grâce soit mon bonheur,

Fais que je marche sans contrainte
Sur les traces de mon Sauveur.

CANTIQUE 26.

1. Le Seigneur paît ses agneaux
Près des sources de la vie ;
Buvons de ses saintes eaux,
Lui-même nous y convie.
Heureux qui suit en repos
Le courant de ses ruisseaux !

2. O vous pécheurs altérés ! »
Dit le Sauveur débonnaire,
« Venez, puisez, savourez
« Cette eau douce et salutaire ;
« Et recevez comme un don
« De vos péchés le pardon.

3. A la fontaine des eaux,
Puisez avec allégresse
Délivrance, paix, repos,
Amour, sainteté, sagesse.
Jésus met tout son plaisir
A pardonner, à bénir.

4. Toi, qui, pour nous plein d'amour,
Bus la coupe des souffrances,
Et nous donnas en retour
La coupe des délivrances ;

O Jésus sois exalté
Jusques dans l'éternité !

CANTIQUE 27.

1. Je suis à toi ! gloire à ton nom suprême !
O mon Sauveur ! je me range à ta loi.
Je suis à toi ; je t'adore, je t'aime ;
    Je suis à toi, je suis à toi !

2. J'errais, perdu dans les sentiers du doute,
Le vide au cœur et la mort devant moi,
Lorsque tu vins resplendir sur ma route :
    Je suis à toi, je suis à toi !

3. En te trouvant, j'ai trouvé toute chose,
Et ce bonheur m'est venu par la foi ;
C'est sur ton sein qu'en paix je me repose :
    Je suis à toi, je suis à toi !

4. Sur cette terre où tu veux que j'habite,
O mon Sauveur ! mon Dieu ! je suis à toi !
Et dans le Ciel où ta grâce m'invite,
    Encore à toi, toujours à toi !

CANTIQUE. 28

1. Rien, ô Jésus, que ta grâce,
Rien que ton sang précieux,
Qui seul mes péchés efface,
Ne me rend, saint, juste, heureux !

Ne me dites autre chose,
Sinon qu'il est mon Sauveur,
L'auteur, la source, la cause
De mon éternel bonheur.

CANTIQUE 29.

1. Comme un agneau, tu te laissas meurtrir
Pour mes péchés, toi, le Sauveur du monde!
O tendre amour! O charité profonde!
Pour me sauver, Jésus! tu vins mourir!

2. Je me prosterne, ô Jésus, devant toi.
Car je ne suis que souillure et poussière,
Mais ma pauvre âme, à qui ta grâce est chère,
T'ose embrasser, Sauveur, froissé pour moi!

3. Il a jeté mes péchés pour jamais
Dans l'Océan de sa miséricorde;
Mon Sauveur m'aime, et son Esprit m'accorde
Les avant-gouts de l'éternelle paix.

4. Amen, Seigneur! amen, puissance, honneur,
A toi, Jésus! gloire, sagesse, empire!
Puisse mon cœur, sans se lasser, te dire :
Béni sois-tu, tendre Ami du pécheur!

CANTIQUE 30.

1. C'est toi, Jésus, que recherche mon âme:
A te trouver, se bornent mes souhaits.

C'est ton regard que sur moi je réclame,
Rends-moi, Seigneur, rends-moi ta douce paix.

2. Jadis j'errais dans les sentiers du monde,
Ne connaissant ni ton nom, ni ta loi ;
Tu me cherchas en cette nuit profonde,
Et pour toujours m'en tiras par la foi.

3. Depuis ce jour ta longue patience,
A supporté mes nombreuses tiédeurs :
Je t'ai quitté ; mais toujours ta clémence
A prévalu sur mes folles erreurs.

4. Prends donc pitié de ma grande misère ;
Soumets mon cœur, brise sa dureté.
A Golgotha mon âme te fut chère :
Je compte, ô Dieu ! sur ta fidélité.

CANTIQUE 31.

1. C'est en toi, cher Sauveur,
Qu'en toute confiance
Se repose mon cœur.
Ta longue patience
Et ta grande clémence,
Me montrent chaque jour
Les soins de ton amour.

2. Qu'il m'est doux, ô mon Dieu
De t'aimer comme un père
Qui me suit en tout lieu !

Oui, malgré ma misère,
Tu reçois ma prière ;
Ton regard est sur moi
Et tu soutiens ma foi.

3. Ici-bas voyageur,
J'attends cette patrie
Qui t'a pour fondateur.
Ah ! dans ta bergerie
Garde-moi, je t'en prie ;
Loin des terrestres maux
Tiens-moi dans ton repos !

CANTIQUE 32.

1. Oui dans le ciel nous avons notre Père,
Qui sous ses yeux nous conduit chaque jour ;
Et tous les soins de la plus tendre mère
Sont moins touchants que son fidèle amour.

2. C'est son amour, c'est sa miséricorde,
Qui jour à jour nous comble de bienfaits.
Il nous prévient, et toujours nous accorde
ien au-delà de nos meilleurs souhaits.

. Ah ! sans tarder, remplis de confiance,
incèrement rendons-lui tout honneur ;
t témoignons par notre obéissance
ue nous-croyons qu'il est notre Sauveur.

4. Donne-nous donc ton Esprit, ô bon Père !
Soumets par lui notre cœur à ta loi,
Répands sur nous ta céleste lumière,
Et dans ta paix, fais-nous croître en la foi !

CANTIQUE 33.

1. Ta grace atteint, mon Sauveur, jusqu'aux cieux ;
Ta vérité s'élève jusqu'aux nues ;
De tes décrets nos âmes confondues
Adoreront les faits mystérieux.

2. Qui parlera de ta gratuité !....
Ton peuple en toi fonde son espérance ;
En toi, Seigneur, est sa ferme assurance.
Tout l'univers est plein de ta bonté.

3. Rassasiés des biens de ton amour,
Désaltérés au fleuve de ta grâce,
Nous marcherons en paix devant ta face,
Et te suivrons humblement chaque jour.

4. Elle est en toi la source du bonheur,
C'est de toi seul que jaillit la lumière,
Répands sur nous tes dons comme un Père,
Règle nos pas et soumets notre cœur.

CANTIQUE 34.

1. Oh qu'est heureux l'homme sincère
Qui t'aime, ô Dieu ! de tout son cœur !

Son âme en toi trouve son Père,
Son Rédempteur, son Roi, son Frère
Et son puissant Consolateur.

2. Quel vrai repos charme sa vie !
Quel ferme espoir soutient sa foi !
En toi, Seigneur ! il se confie;
Et sa douleur est adoucie,
Et tout lui sourit devant toi.

3. Je suis à toi, Sauveur fidèle !
Tu m'as aimé jusqu'à la croix.
Tu me connais, ta voix m'appelle;
Ah ! je voudrais, rempli de zèle,
Suivre toujours tes saintes lois !

CANTIQUE 35.

1. T'aimer, Jésus ! te connaître,
Se reposer sur ton sein,
T'avoir pour son Roi, son maître,
Pour son breuvage, son pain ;
Savourer en paix ta grâce,
De ta mort puissant Sauveur !
Goûter la sainte efficace,
Quelle ineffable douceur !

2. O bonheur inexprimable !
J'ai l'Eternel pour Berger ;
Toujours tendre et secourable,
Son cœur ne saurait changer.

Dans sa charité suprême,
Il descendit ici-bas,
Chercher sa brebis qu'il aime,
Et la prendre dans ses bras.

3. Il donna pour moi sa vie,
Il me connaît par mon nom :
A sa table il me convie,
J'ai ma place en sa maison.
Il veut bien de ma faiblesse,
De tous mes maux s'enquérir ;
Qu'il est bon ! il veut sans cesse
Me pardonner, me guérir.

4. Si le souverain Monarque,
Dans la foule des humains,
Me discerne, et s'il me marque
Sur la paume de ses mains,
Qu'importe alors que le monde
Me méconnaisse à jamais !
Toi dont le regard me sonde,
Toi, Jésus, tu me connais.

5. Fais que mon cœur ne respire,
O Jésus ! que ton amour,
Que mon esprit te désire
Pour t'être uni nuit et jour.
Et pendant que je sommeille,
Demeure si près de moi,
Qu'à l'instant où je m'éveille
Je me retrouve avec toi.

CANTIQUE 36.

1. Oh ! qu'il est doux d'aimer Dieu comme un père !
D'aller à lui, sans détour, sans frayeur,
De parcourir sa terrestre carrière,
Toujours conduit par l'Esprit du Seigneur !

2. Oh ! qu'il est doux de trouver à toute heure
Un tendre ami, prêt à vous soulager !
D'être en tout lieu, Jésus, dans ta demeure,
Et sur ton sein au plus fort du danger !

3. Oh ! quel moment ! Jésus, devant ton Trône...
Quand tous tes saints alors glorifiés,
Portant chacun l'immortelle couronne,
En t'adorant la mettront à tes pieds !

CANTIQUE 37.

1. L'Eternel est ma part, mon salut, mon breuvage,
Il a fixé mon lot dans un bel héritage.
Ma langue, égaie-toi ; réjouis-toi, mon cœur !
Entonne un chant d'amour, Jésus est ton Sauveur !

2. Rebelle, je vivais au milieu des rebelles ;
Mais Jésus-Christ m'a vu des voûtes éternelles ;
Il a quitté le ciel pour sauver un pécheur.
Mon âme, égaie-toi, Jésus est ton Sauveur !

3. Satan de ses fureurs me fait sentir l'atteinte ;
Jésus étend son bras, m'enlève à son étreinte,

Et me mettant en paix, le frappe de terreur.
Mon âme, égaie-toi , Jésus est ton Sauveur !

4. Qu'il est bon de t'avoir, Jésus ! pour sacrifice,
Pour bouclier, pour Roi, pour Soleil, pour Justice !
Qu'elle est douce la paix dont tu remplis le cœur !
Mon âme, égaie-toi, Jesus est ton Sauveur !

CANTIQUE 38.

1 Trésor incomparable,
Tendre et fidèle ami ;
Refuge du coupable
Pressé par l'ennemi !
Soumets à ta puissance
Et mes sens et mon cœur,
Toi qui, par ta souffrance
Guéris seul ma langueur.

2. Délices de ma vie !
Incorruptible pain,
Duquel se rassasie
Mon âme dans sa faim !
Dans ma faiblesse extrême,
Ta vertu peut m'aider,
Et dans les tourments même
De douceur m'inonder.

3. Ah ! montre-moi ta face
Et ton cœur plein d'amour !
Viens, ô soleil de grâce !
M'éclairer nuit et jour.

Sans ta douce influence
La vie est une mort ;
Jouir de ta présence
C'est le plus heureux sort.

CANTIQUE 39.

1. Je la connais cette joie excellente
Que ton Esprit, Jésus, met dans un cœur.
Je suis heureux ! oui mon âme est contente,
Puisque je sais qu'en toi, j'ai mon Sauveur.

2.   Tu m'as aimé, moi, vile créature,
Jusqu'à t'offrir en victime pour moi ;
Ton propre sang a lavé ma souillure,
Et par ta mort, je suis vivant pour toi.

3. Que puis-je donc désirer sur la terre,
Puisque je suis l'objet de ton amour ;
Puisque ta grâce, ô Sauveur débonnaire !
Dès le matin me prévient chaque jour ?

4. Si je rencontre en mon pélérinage,
Sur mon sentier, l'épreuve ou le chagrin,
Puis-je oublier, durant ce court passage,
Que ton enfant n'est pas un orphelin ?

5. Quoi ! bien aimé ! C'est toi, c'est ta tendresse,
Qui me conduit pas à pas sous tes yeux ;
Et je pourrais gémir dans la tristesse
En m'approchant du beau pays des cieux !

6. Ah ! que mon âme, en parcourant sa voie,
S'égaie, ô Dieu ! dans ta communion ;
Oui, que mon cœur, plein de force en ta joie,
De ton Esprit suive en paix l'onction.

CANTIQUE 40.

1. Que ne puis-je, ô mon Dieu, Dieu de ma délivrance,
Remplir de ta louange et la terre et les cieux,
Les prendre pour témoins de ma reconnaissance
Et dire au monde entier combien je suis heureux !

2. Heureux quand je t'écoute, et que cette parole
Qui dit : « Soit la lumière » et la lumière fut,
S'abaisse jusqu'à moi, m'instruit et me console,
Et me dit : « C'est ici le chemin de salut !

3. Heureux quand je te parle, et que de ma poussière,
Je fais monter vers toi, mon hommage ou mon vœu,
Avec la liberté d'un fils devant son père,
Et le saint tremblement d'un pécheur devant Dieu.

4. Heureux, lorsque ton jour, ce jour qui vit éclore
Ton œuvre du néant, et ton fils du tombeau,
Vient m'ouvrir les parvis où ton peuple t'adore,
Et de mon zèle éteint rallumer le flambeau !

5. Heureux, quand sous les coups de ta verge fidèle,
Avec amour battu, je souffre avec amour ;
Pleurant, mais sans douter de ta main paternelle ;
Pleurant, mais sous la croix ; pleurant, mais pour un
[jour.

6. Heureux lorsqu'attaqué par l'ange de la chute,
Prenant la croix pour arme et l'Agneau pour Sauveur,
Je triomphe à genoux et sors de cette lutte
Vainqueur, mais tout meurtri, tout meurtri mais
[vainqueur.

7. Heureux, toujours heureux! j'ai le Dieu fort pour père,
Pour frère Jésus-Christ, pour conseil l'Esprit Saint!
Que peut ôter l'enfer, que peut donner la terre
A qui jouit du ciel et du Dieu trois fois saint?

CANTIQUE 41.

1. Que de douceur se trouve en ton service,
O Fils de Dieu! Que ton joug a d'attraits!
Que de repos je puise en ta justice
En te suivant aux sentiers de la paix.

2. De ton Esprit le puissant témoignage
Me fait goûter ta joie en ton amour,
Et j'ai le sceau de ce riche héritage,
Qui m'appartient au céleste séjour.

3. Oh! Quel espoir, quelle attente ineffable!
Dans peu de jours tu m'ouvriras ton Ciel,
Et dans ton sein, ô Sauveur charitable,
Je jouirai du bonheur Eternel.

CANTIQUE 42.

1. O Dieu de Vérité, pour qui seul je soupire!
Unîs mon cœur à toi, par de forts et doux nœuds.

Je me lasse d'ouir, je me lasse de lire,
   Mais non pas de te dire :
   C'est toi seul que je veux.

2. Parle seul à mon âme et que nulle science,
Que nul autre docteur ne m'explique tes lois ;
Que toute créature, en ta sainte présence,
   S'impose le silence,
   Et laisse agir ta voix.

CANTIQUE .43

1. Seigneur, sanctifie,
Nos jours, nos moments ;
Fais que notre vie,
T'honore en tout temps.
Que de ta présence,
Parmi nous, pécheurs,
L'heureuse influence
Pénètre nos cœurs.

2. Tendresse éternelle !
Pense à nos besoins.
Pasteur, seul fidèle !
Prends les plus grands soins,
De ton héritage.
Que tes rachetés
Sentent d'âge en âge,
Tes grandes bontés.

Puissions-nous, sans cesse
Marcher par la foi,

Et dans la détresse
Regarder à toi !
Heureux qui repose
Sur son bras puissant !
On a toute chose,
En te possédant.

CANTIQUE 44.

1. O Seigneur! O Sauveur, que nos lèvres te louent,
Mais qu'avec nos accents nos œuvres soient d'accord!
Si par nos actions nos cœurs te désavouent,
Dans nos chants les plus beaux tout est vain, tout est
[mort.

2. Tu naquis pour servir, et servir fut ta gloire,
Servir est à jamais le sceau de tes enfants.
Qui fait peu, t'aime peu ; qui se borne à te croire
Ne te croit point encore, ô Sauveur des croyants.

3. Quoi! Seigneur, je croirais à tes saintes promesses,
Et pour tes ordres saints, je n'aurais point de foi !
Soumis pour espérer, pour goûter tes largesses,
Je ne le serais plus pour accepter ta loi !

4. Mourut-il avec Christ au rocher du Calvaire,
L'amour pieux et tendre, asile du malheur ?
Non, l'amour y nâquit, et dès-lors sur la terre,
Comme on cherche un trésor il cherche la douleur.

5. Que de maux, de périls et de besoins m'appellent
Que de frères, d'amis, Dieu jette dans mes bras !
Que d'œuvres à fonder ! que d'œuvres qui chancellent !
Travaillons, le loisir n'appartient qu'aux ingrats.

CANTIQUE 45.

1. O mon Sauveur, O charité suprème !
O mon berger dont je connais la voix ;
Pour tes brebis, dans ta tendresse extrême,
Tu te laissas attacher à la croix.

2. Suis-je abattu, fatigué, sans courage ?
D'un seul regard tu guéris tous mes maux
Et me paissant dans ton gras pâturage
Tu m'enrichis de dons toujours nouveaux.

3. Suis-je altéré ? par des ondes courantes,
Tu me conduis dans ta fidélité ;
Et je m'abreuve à ces eaux jaillissantes,
Dont le trésor est dans ta charité.

4. C'est toi Jésus, qui restaures mon âme,
A chaque instant j'éprouve ton amour ;
Tu m'as sauvé de l'éternelle flamme,
Pour m'introduire au céleste séjour.

5. De ton salut de ton amour immense,
Je chanterai la gloire et les bienfaits ;
Toi, mon berger ; toi, ma seule espérance,
Fais ta demeure en mon cœur à jamais.

Puis quand ta main fermera ma paupière,
Prends moi, Jésus, dans tes bras, en ton sein ;
Loin du péché, loin de toute misère,
Loin des assauts du monde et du malin.

CANTIQUE 46.

Marcher en ta présence,
Fidèle et doux Sauveur !
Dans une humble assurance,
En ton bras en ton cœur ;
Ne chercher qu'à te plaire,
Dans tout ce que l'on fait,
C'est le ciel sur la terre,
C'est le bonheur parfait.

Ainsi devant ta face
Conduis-nous chaque jour,
Et que l'Esprit de grâce,
Verse en nous ton amour.
Si le péril augmente,
Augmente nous la foi.
Tu restes notre attente,
O Jésus notre Roi.

CANTIQUE 47.

1. Frères, approchons-nous ensemble
De l'Eternel, notre Sauveur ;
C'est son saint nom qui nous rassemble ;
Egayons-nous à son honneur.

2. Loin des vains bruits de cette terre,
En repos ici recueillis,
Dans le céleste sanctuaire
Par la foi nous sommes admis !

3. Notre père, quoiqu'invisible,
Sur nous tient ses yeux abaissés,
Et sous sa lumière paisible
Devant lui nous sommes placés.

4. Ensemble donc cherchons sa face,
Et l'invoquons avec ferveur ;
Et de son Esprit l'efficace,
Se répandra dans notre cœur.

5. Ecoute nous, ô notre Père !
Prête l'oreille à nos accents,
Et daigne exaucer la prière,
Qu'en Jésus t'offrent tes enfants.

CANTIQUE 48.

1. Ah ! qu'il est beau de voir des frères
D'un même amour unis entr'eux,
Esprit de Dieu ! tu les éclaires,
Tu les embrases de tes feux.
Leurs chants pieux et leurs prières,
Comme un encens montent aux cieux.

2. O Rédempteur ! en ta présence,
Dans ta sainte communion

Ils savourent la jouissance,
D'une céleste affection.
Aussi leurs cœurs en assurance
T'offrent leur adoration.

3. Apprends-nous donc, Dieu charitable!
A nous aimer sincèrement;
Nous recevons tous à ta table,
Un même et céleste aliment :
Oh! qu'un sentiment véritable,
Nous unisse à toi tendrement!

CANTIQUE 49.

1. Enfants de Dieu! vivons sans cesse,
Dans cet amour qui nous unit :
Il est l'éternelle richesse,
De ceux que le Seigneur bénit.

2. Ah! loin de toi, Jésus, notre âme,
Méconnut longtemps cet accord.
Pour le monde elle était de flamme;
Elle n'était pour toi que mort.

3. Mais, o Jésus! quand ta tendresse,
Nous enrichit de ton pardon;
A notre cœur plein d'allégresse,
Tu fis goûter ce nouveau don.

4. Abreuvés à la même source,
N'ayons, chers frères, qu'un seul cœur;

2. Au nom du Rédempteur, chers frères!
Donnons-nous tous, ici la main,
Pour ne marcher jusqu'à la fin,
Que sous ses regards tutélaires.

3. Vois tes enfants, Dieu notre père,
Qui se consacrent à ton fils.
Viens à notre aide et nous remplis,
D'amour, de zèle et de lumière.

4. Qu'en nous quittant, Sauveur fidèle.
Nous demeurions unis en toi,
Habite en nos cœurs par la foi,
Et que l'Esprit nous renouvelle!

CANTIQUE 52.

1. Tu nous aimes, Seigneur! en toi notre âme espère.
Ton amour tout-puissant couvre notre misère
Et soutient notre faible cœur.
Tu l'as offert, Jésus! le sang qui purifie;
Oui par amour pour nous, tu quittas cette vie,
Que par amour tu pris, Seigneur!

2. Et près de la quitter, à cette heure suprême,
Tu nous dis : « Aimez-vous comme moi je vous aime!»
Et qui peut aimer plus que toi?
Aimez-vous, c'est la loi qu'en partant je vous laisse,
Aimez-vous! qu'à ceci le monde reconnaisse,
Que vraiment vous êtes à moi! »

oursuivons notre heureuse course,
es yeux fixés sur le Sauveur.

CANTIQUE 50.

. Le bon berger sous sa houlette,
lein d'amour, nous a recueillis,
es soins écartent la disette,
on cœur nous nomme ses brebis.

. Fraternité céleste et sainte !
e n'est qu'en Christ qu'on te connaît.
ais-nous sentir ta vive étreinte ;
ans ta douceur l'âme renaît.

. Partage en paix le fruit de vie,
eureux troupeau du bon Pasteur !
annis l'aigreur, bannis l'envie,
t sur l'autel offre un seul cœur.

Aimons-nous tous d'un cœur sincère,
utour du chef ne soyons qu'un.
e Saint-Esprit, le Fils, le Père,
notre foi tout est commun.

CANTIQUE 51.

amour de Jésus-Christ nous presse,
s'est donné pour son troupeau.
suivre les pas de l'Agneau,
un, l'autre animons-nous sans cesse.

3. O Seigneur ! qu'il est doux, qu'il est bon pour des
[frères,
De t'offrir en commun leurs vœux et leurs prières
Et de travailler réunis ;
De s'aider au combat, de partager leurs joies,
Et de marcher ensemble en ces pénibles voies,
Où tu diriges et bénis !

4. Seigneur ! que ton Esprit nous exauce et nous lie ;
Que, membres de ton corps et vivant de ta vie,
Nous soyons tous fondés en toi !
Oh ! chasse loin de nous la discorde et l'outrage !
Que nous soyons à Christ, comme étant son ouvrage,
Nous aimant dans la même foi !

CANTIQUE 53.

1. O toi que notre cœur aime,
Dieu plein de grâce et d'amour !
Nous entrons dans le ciel même,
Pour t'adorer en ce jour.
C'est ta famille chérie
Qui se presse autour de toi ;
En Jésus tu l'as bénie,
Ah ! garde-là dans la foi !

2. Pour nous pécheurs, quelle gloire,
De contempler le Dieu fort,
Et de chanter la victoire,
De Jésus-Christ mis à mort !
C'est ta famille chérie, etc.

3. Quelle grâce, ô tendre Père !
De connaître ton amour,
D'avoir Jésus-Christ pour Frère,
Et d'attendre son retour !
C'est ta famille chérie etc.

CANTIQUE 54.

1. Chrétiens, chantons sans cesse,
La bonté du Seigneur ;
Qu'une sainte allégresse,
Remplisse notre cœur.
Un salut éternel
Est descendu du ciel ;
Nous avons un Sauveur.

2. O bonheur ineffable !
Dieu n'est plus irrité ;
Il pardonne au coupable,
Contre lui révolté.
Pour porter nos forfaits,
Pous sceller notre paix
Jésus s'est présenté.

3. Bientôt vêtu de gloire,
Du ciel il reviendra,
Consommant sa victoire,
Il nous affranchira.
Oui, son heureux enfant,
Avec lui triomphant,
Tel qu'il est le verra.

4. Oh ! charité suprême,
Partage des élus !
Le Rédempteur nous aime,
Que nous faut-il de plus ?
Ah ! payons de retour,
Un si fidèle amour ;
Publions ses vertus.

CANTIQUE 55.

1. Sur ton Eglise universelle,
Objet constant de ton amour,
Oh ! que ta grâce paternelle,
Seigneur ! se montre chaque jour !
Tes enfants avec confiance,
Partout fléchissent les genoux ;
Tu rempliras notre espérance,
Tu seras au milieu de nous.

2. Des promesses de ta Parole,
Veuille, ô Seigneur, te souvenir ;
Que ton Esprit saint nous console,
Et nous apprenne à te bénir !
Ouvre nos yeux à ta lumière,
Fléchis et règle notre cœur,
Et que ton Eglise en prière,
Obtienne une ère de bonheur.

3. Que l'Evangile se répande,
De l'aurore jusqu'au couchant ;

Que de tous côtés l'on entende
Le même cri, le même chant !
Que les peuples les plus sauvages
Viennent se ranger sous la croix,
Et que tous rendent leurs hommages
A l'invincible Roi des Rois !

CANTIQUE 56.

1. Toi, qui dans la nuit de la vie,
Es descendu pour nous chercher ;
Toi dont la mort sainte et bénie ;
A la mort vint nous arracher,
Toi qui nous gardes sous ton aîle
Et nous réchauffes sur ton cœur,
Vainqueur de notre âme rebelle,
Du monde entier rends-toi vainqueur !

2. Réponds aux cris de ton Eglise ;
Il en est temps, Seigneur ! accours ;
Fais briller l'aurore promise
Et le soleil des derniers jours !
D'apôtres suscite une armée,
Et que sur la terre et les mers,
La grande nouvelle semée
Fasse tressaillir l'univers !

3. Oh ! dans nos cœurs qui te supplient
Mets plus de zèle, plus de foi ;
Qu'en t'adorant ils s'humilient,
Qu'ils ne rendent gloire qu'à toi !

4.

Et quand nous prêchons à la terre
Ta grâce et ta fidélité,
Prêche nous ta loi, notre père,
A nous qui savons ta bonté.

4. Oh ! si le monde tarde encore,
Toute la faute en est à nous,
A nous, la cymbale sonore,
Vain bruit au devant de l'Epoux !
Ah ! change en œuvres nos paroles,
En dévouement change nos vœux ;
Fais-nous chrétiens ! et les idoles
Tomberont partout sous les cieux !

CANTIQUE 57.

1. Soleil de justice,
Lumière des cœurs !
Sois à tous propice,
Sauve les pécheurs ;
Répands dans nos âmes,
La paix, la santè,
Les ardeurs, les flammes
De ta charité.

2. Fais bientôt paraître
Ton jour glorieux ;
En Sauveur et Maître
Règne en tous les lieux ;
Que ta connaissance
Couvre l'univers,

Comme l'onde immense
L'abîme des mers.

3. Gloire soit au Père
Qui nous a sauvés ;
Au Fils, notre frère,
Qui nous a lavés ;
A l'Esprit de grâce,
Qui, sur son troupeau,
Répand l'efficace
Du sang de l'Agneau !

CANTIQUE 58.

1. O Jésus dans ta bergerie
Introduis tes heureux troupeaux,
Garde ton Eglise chérie,
Et nous pais comme tes agneaux.
Que tous les enfants de lnmière,
Remplis de ton Esprit d'amour
S'entr'aiment partout sur la terre
Jusqu'au moment de ton retour !

2. Alors ressuscités en gloire,
Les saints, ton peuple racheté,
Triomphant tous par ta victoire,
Contemplant ta majesté,
Aussi purs que le sont les anges
Unis à ta divinité,
Nous célébrons tes louanges
Dans l'éternelle charité.

3. Que cette sublime espérance,
Chrétiens bien-aimés du Seigneur !
Sur nous agisse avec puissance,
Et n'ayons tous qu'un même cœur.
Bientôt la céleste patrie
Nous réunira pour jamais :
Passons donc ici-bas la vie
Dans la foi, l'amour et la paix.

4. Ayons nos lampes allumées,
Préparons-nous pour ce beau jour,
Et que nos lampes enflammées
Soient pour Jésus pleines d'amour !
A toi notre unique espérance,
Notre justice, ô Jéhova !
Soient empire, gloire et puissance.
Alléluia ! Alléluia !

CANTIQUE 50.

1. Vers Jésus élevons les yeux ;
Bientôt ce Roi victorieux
Redescendra du haut des cieux.
Dans cette glorieuse attente,
Que notre âme soit vigilante :
Soyons prêts, craignons de dormir.
Chrétiens, le Sauveur va venir.

2. Jésus nous a dit qu'ici bas,
Son enfant doit, à chaque pas,
S'attendre à de nouveaux combats :
Mais de court pèlerinage,

Le terme est près, prenons courage
Soyons prêts, etc.

3. Nous chantons.... et le temps s'enfuit
Ce jour, qui s'écoule sans bruit,
Vers l'éternité nous conduit.
Ah ! jusqu'au jour où nos louanges
S'uniront au concert des anges,
Soyons prêts, etc.

4. Jésus, que ton puissant secours
De nos instants règle le cours !
Apprends-nous à compter nos jours,
Et remplis nos cœurs de sagesse
Toi qui connais notre faiblesse !
Tiens nous prêts, selon ton désir.
Pour le jour où tu dois venir ;
Tiens nous prêts, tiens nous prêts,
Pour le jour où tu dois venir.

CANTIQUE 60.

1. Encor quelques jours sur la terre,
Encor quelque peu de misère,
Et vers mon Dieu mon âme se rendra.
Je vois déjà le bout de la carrière,
Où pour toujours mon combat finira.

2. Encor quelques maux, quelques larmes,
Quelques ennuis, quelques alarmes,
Et quelque temps de faiblesse et d'erreur ;

Puis je verrai les ineffables charmes,
De ce séjour où règne le Sauveur.

3. Encor un peu par tes vains songes,
Et ce néant où tu te plonges,
O monde impur! tu voudrais me tenter;
Bientôt pour moi finiront tes mensonges;
J'ai mon salut, tu ne peux me l'ôter.

Ainsi Jésus! plein d'espérance,
J'attends en paix, en assurance,
Selon ton gré, la fin de mes travaux;
Tu vas venir, et ta toute-puissance,
M'introduira dans l'Eternel repos.

CANTIQUE 61.

1. Sainte Sion, ô patrie éternelle!
Palais sacré qu'habite le grand Roi.
Où doit sans fin régner l'âme fidèle;
Quoi de plus doux que de penser à toi!

2. Dans tes parvis tout est joie, allégresse!
Chants de triomphe, ineffables plaisirs,
Là plus de deuil, plus de maux, de tristesse,
Là plus d'ennuis, de langueurs, de soupirs.

3. Tes habitants ne craignent plus l'orage,
Ils sont au port, ils y sont pour jamais:
Un calme entier devient leur doux partage;
Dieu dans leur cœur verse un fleuve de paix.

4. De quel éclat Jésus les environne !
Ah ! je les vois tout brillants de clarté ;
Rien ne saurait y flétrir leur couronne,
Leur vêtement est l'immortalité.

5. Pour eux, Seigneur ! il n'est plus d'inconstance,
Tout est soumis au joug de ton amour :
L'affreux péché n'a plus là de puissance,
Tout te célèbre en cet heureux séjour.

Fin.

www.ingramcontent.com/pod-product-compliance
Lightning Source LLC
Chambersburg PA
CBHW061251050726
47594CB00004B/1452